De la esclavitud a la bendición

Descubriendo nuestra identidad en Dios

Jessica Hintz

Estados Unidos
2024

Imprimir

Título del libro: De la esclavitud a la bendición: descubriendo nuestra identidad en Dios
Autor: Jessica Hintz

Autor: Jessica Hintz
Contacto: boxingboy898337@gmail.com

CONTENIDO

Introducción

Al comienzo de su profunda carta a los Gálatas, Pablo confronta con valentía a los enemigos de la Gracia, una batalla que ha librado a lo largo de este notable primer volumen de su obra. Su camino como apóstol no ha estado exento de dolores; Ha sufrido mucho a manos de judíos y gentiles que rechazan el mensaje radical de gracia que predica. Con profunda preocupación por sus seguidores, Pablo está decidido a no permitir que vuelvan a caer en las rígidas tradiciones del judaísmo, a pesar de que algunos de sus conversos más fervientes provenían de esa misma fe. Es esta tensión la que alimenta su apasionada crítica de la noción de que uno puede contribuir al evangelio puro de Cristo con prácticas y creencias legalistas.

Los escritos de Pablo sirven como un poderoso recordatorio de que la esencia del evangelio no reside en la adhesión a la ley sino en el favor inmerecido de Dios: la gracia. Este tema central resuena a lo largo de la epístola, mientras Pablo establece pautas que se aplican no sólo a los judaizantes de su época sino también a las innumerables formas en que la humanidad continúa distorsionando el verdadero evangelio. Su mensaje sigue siendo sorprendentemente relevante hoy en día, donde se pueden observar errores similares, que a menudo se manifiestan como una peligrosa mezcla de fe y obras.

Pablo comienza su defensa estableciendo la inequívoca autoridad de Cristo como fuente de salvación. En Gálatas 1:5, destaca el significado de la gracia que viene a través de Jesús, enfatizando que es sólo esta gracia la que puede liberar a la humanidad del mal de la era actual, que incluye las estructuras opresivas establecidas por líderes religiosos equivocados. Su feroz oposición a los judaizantes (un grupo que buscaba imponer leyes judías a los creyentes gentiles) se pone claramente de relieve cuando lanza un ferviente ataque contra ellos.

En Gálatas 1:6-7, Pablo expresa su asombro por la disposición de los gálatas a abandonar la gracia de Cristo por lo que él llama "un evangelio diferente". Él escribe: "Estoy asombrado de que os estéis alejando del que os llamó por la gracia de Cristo, para seguir un evangelio diferente, que no es otro; pero hay algunos que os perturban y quieren pervertir el evangelio de Cristo". Esta declaración resume la urgencia de su mensaje: no hay alternativa a la gracia que ofrece Jesús. Cualquier desviación de esta gracia constituye una traición al fundamento mismo de la fe cristiana.

El proceso de alejarse

La frase que usa Pablo, "estás (en medio de) darte la vuelta", tiene profundas implicaciones. Sugiere un proceso: un viaje en la dirección equivocada que aún no ha llegado a su destino. Los gálatas no están cometiendo simplemente un error de una sola vez; están inmersos en un alejamiento gradual de la verdad. Este proceso puede compararse con un barco que se desvía lentamente de su rumbo, sin darse cuenta de los peligros que le esperan. La razón de la carne, impulsada por el razonamiento humano y las presiones sociales, los ha cegado a la verdad. En lugar de confiar en el discernimiento del Espíritu, están al borde del desastre espiritual.

El uso que hace Pablo del término *metastrefo* (griego: μεταστρέφω) destaca la naturaleza de esta transformación: corrupción en lugar de santificación. El término transmite una sensación de cambiar o transformarse en otra cosa. Significa una distorsión, una metamorfosis en una versión del evangelio que ya no es reconocible. La elección de palabras de Pablo es deliberada; quiere que los gálatas comprendan la gravedad de su situación. No sólo se están alejando; están en proceso de corromperse, de convertir la verdad de Cristo en falsedad.

Al reflexionar sobre los judaizantes de su época, Pablo llama la atención sobre un patrón que ha persistido a lo largo de la historia. La tentación de combinar el evangelio de la gracia con prácticas legalistas es tan antigua como la fe misma. Así como los judaizantes intentaron imponer la circuncisión y el cumplimiento de la ley a los nuevos creyentes, los movimientos modernos a menudo introducen requisitos adicionales para la salvación, ya sean rituales, códigos morales o tradiciones extrabíblicas. La facilidad con la que la gente adopta estas versiones falsas de Cristo sigue siendo alarmante.

Hoy en día, somos testigos de diversas formas de apostasía: individuos y grupos que alguna vez abrazaron el evangelio pero que desde entonces se han alejado para seguir una versión diluida del cristianismo. Estos movimientos a menudo comienzan con buenas intenciones, con el objetivo de hacer que la fe sea más relevante o accesible. Sin embargo, como muestra la historia, el camino del compromiso puede conducir a una peligrosa desviación de la verdad. La advertencia de Pablo resuena poderosamente en este contexto, recordándonos el imperativo de proteger la pureza del evangelio contra cualquier distorsión.

La necesidad de discernimiento en la comunidad de fe es más crucial que nunca. Los gálatas, como muchos hoy en día, estaban atrapados en una red de mensajes contradictorios. El atractivo de una fe más cómoda, una que promete aprobación mediante obras en lugar de gracia, puede resultar tentador. Es esencial que los creyentes se basen en la verdad de la Palabra de Dios y cultiven una relación con el Espíritu Santo, quien brinda guía y sabiduría para afrontar estas complejidades.

La exhortación de Pablo no es simplemente una crítica histórica sino un llamado eterno a la acción. Insta a los gálatas—y por extensión, a todos nosotros—a permanecer vigilantes, reconocer los signos de deriva espiritual y rechazar cualquier noción que socave la suficiencia del sacrificio de Cristo. Hay mucho en juego; el evangelio corre el riesgo de pervertirse, y con él, la esencia misma de la fe.

Abandonar a Dios Dios (el Padre) que los creó para ser un acto pecaminoso. Dios ha sido el Dios que trajo al pueblo (y a nosotros) a "la" gracia de Cristo "en primer lugar. Esto es el núcleo de la predicación del evangelio. Esta es la meta en el proceso de evangelización. El llamado del Apóstol es hacer esto. La respuesta del profeta y el mensaje principal del pastor, y el marco del maestro. Si es corrompido por el evangelio, corrompe e influye en todos los ministerios del ministerio de la gracia e impide la gracia del evangelio en un mundo incrédulo (gentil) ¡y se pierde!

CONCLUSIÓN

Al confrontar a los enemigos de la gracia, Pablo hace un llamado de atención para defender el verdadero evangelio de Cristo. Su apasionada defensa sirve tanto de advertencia como de aliento para los creyentes de todas las generaciones. La lucha contra el legalismo y la tentación de añadir algo al evangelio continúa hasta el día de hoy, y las palabras de Pablo proporcionan una hoja de ruta para discernir el auténtico mensaje de gracia.

Al reflexionar sobre este poderoso mensaje, comprometámonos con la búsqueda de la verdad. Estemos atentos al atractivo de las falsas enseñanzas y a los sutiles compromisos que amenazan con diluir nuestra fe. En un mundo plagado de confusión y agitación espiritual, debemos aferrarnos al evangelio de la gracia, permitiéndole transformar nuestras vidas y guiar nuestras acciones. La carta de Pablo a los Gálatas nos recuerda que nuestra esperanza no está en la ley sino en la gracia inmutable de Cristo, una gracia que nos llama a vivir en libertad y a compartir esa libertad con los demás.

Somos salvos por la gracia de Dios, ¡nada más!

En el centro mismo de la fe cristiana se encuentra una verdad fundamental que Pablo enfatizó una y otra vez: somos salvos por la gracia de Dios, nada más y nada menos. Esta profunda declaración resume el corazón del evangelio, distinguiéndolo de cualquier otro sistema religioso que busca establecer una relación con Dios a través del esfuerzo humano o la adhesión a la ley. Es el mensaje liberador que afirma que la salvación no se gana a través de obras o rituales, sino que es un regalo gratuito que nos otorga un Dios amoroso que desea la relación por encima del legalismo.

A pesar de este claro mensaje de gracia, Pablo enfrentó un desafío alarmante entre los cristianos gálatas. Algunos miembros de las conversiones judías, junto con aquellos que mantenían una estricta adherencia a las costumbres religiosas judías, defendían que estos nuevos creyentes observaran la Ley Mosaica y practicaran la circuncisión como componentes esenciales de su fe. Esta presión para ajustarse a la ley no sólo amenazaba la libertad que proporciona el evangelio de la gracia, sino que también buscaba socavar la obra transformadora de Cristo en las vidas de los creyentes gálatas.

Semejante insistencia en prácticas legalistas no era simplemente un desacuerdo menor; fue un asalto directo a la esencia misma del ministerio de Pablo. Para Paul, las implicaciones fueron profundas. Consideró esto como un ataque no sólo a la iglesia de Jerusalén, que había sido un punto central de la comunidad cristiana primitiva, sino, más significativamente, como un asalto a la doctrina que él había establecido minuciosamente. Todo su ministerio se basó en la creencia de que la salvación viene únicamente a través de la fe en Cristo, y cualquier intento de añadir algo más a eso era un desafío directo al mensaje que predicaba.

La respuesta de Pablo fue feroz e inquebrantable. No era un hombre que se sentara y permitiera que tales herejías ganaran terreno dentro de la iglesia. Entendió que incluso el más mínimo compromiso podría conducir a una pendiente resbaladiza, donde una desviación de la verdad podría convertirse en una bola de nieve que derivaría en confusión y error generalizados. Esta conciencia lo obligó a actuar de inmediato; no estaba dispuesto a dejar que el asunto "se deslizara" o simplemente esperar que se resolviera por sí solo con el tiempo. Había mucho en juego y reconoció que permitir que se arraigaran enseñanzas falsas podría tener consecuencias catastróficas para el cuerpo de Cristo.

Esta preocupación plantea una pregunta importante para la iglesia moderna: ¿estamos siendo testigos de patrones similares hoy? ¿Estamos, como comunidad de creyentes, aceptando errores que podrían establecer un status quo irreversible entre los creyentes? Los paralelos entre la época de Pablo y la nuestra son sorprendentes. Así como la iglesia primitiva luchó con las influencias del legalismo y la presión para ajustarse a ciertas prácticas, la iglesia de hoy a menudo se encuentra atravesando desafíos similares.

En Gálatas 5:7-11, Pablo plantea una pregunta retórica que va al meollo del asunto: "¿Quién os ha impedido seguir la verdad?" Subraya que la persuasión que los aleja de la gracia no proviene de Aquel que los llamó. Aquí, Pablo usa la metáfora de la levadura para ilustrar cómo incluso una pequeña cantidad de enseñanza falsa puede corromper toda la masa. Su advertencia es clara: permitir que incluso una pequeña cantidad de legalismo o compromiso entre en la iglesia puede conducir a distorsiones significativas del evangelio.

La confianza de Pablo en los gálatas es evidente cuando afirma: "Confío en vosotros y en el Señor, que nunca tendréis otros pensamientos". Creía en su capacidad para discernir la verdad del error, anclado en su relación con Cristo. Sin embargo, también emitió una severa advertencia a quienes los estaban molestando: "cualquiera que los esté molestando será juzgado, sin importar quién sea". Esto sirve como un recordatorio aleccionador de que la integridad del evangelio debe defenderse a toda costa, y aquellos que busquen socavarlo enfrentarán consecuencias.

En este contexto, encontramos una idea importante para la iglesia contemporánea, que está plagada de "alborotadores". El desafío sigue siendo reconocer y abordar aquellas influencias que buscan diluir o distorsionar la verdad del evangelio. Así como Pablo empuñó la espada de la Palabra para confrontar enseñanzas falsas, también debemos involucrarnos con las Escrituras para combatir los dragones del compromiso y el legalismo que amenazan con infiltrarse en nuestras comunidades.

En última instancia, el mensaje de Pablo en Gálatas sirve como una guía eterna para los creyentes de hoy. Subraya un principio crucial: "si no comienza con Cristo y termina con Cristo, no es digno de consideración". Esta declaración nos desafía a evaluar cada enseñanza, doctrina y práctica a través de la lente de la obra consumada de Cristo en la cruz. Debemos permanecer vigilantes, discerniendo las voces que buscan alejarnos de la gracia que es nuestra en Cristo. Al anclarnos en la verdad del evangelio, podemos mantenernos firmes contra las presiones del legalismo y defender fielmente el mensaje de gracia que tiene el poder de transformar vidas y comunidades.

Una directriz atemporal para nuestro tiempo

En el panorama del cristianismo moderno, donde la esencia del evangelio a menudo se ve oscurecida por diversas distracciones, las palabras del apóstol Pablo sirven como una guía vital para el tiempo presente. Su feroz compromiso con el mensaje de gracia contrasta marcadamente con el legalismo que amenaza con infiltrarse en la iglesia. La epístola de Pablo a los Gálatas no es sólo una carta antigua; es un llamado de atención para que los creyentes se aferren al verdadero evangelio, el evangelio que se centra en la gracia de Dios y la obra redentora de Jesucristo.

La insistencia de Pablo en la pureza del evangelio es subrayada por una invectiva particularmente fuerte que se encuentra en Gálatas 1:8-9: "Pero incluso si nosotros, o un ángel del cielo, os anunciamos otro evangelio diferente del que os hemos anunciado, sea anatema. Como hemos dicho antes, así lo repito ahora: si alguno os predica un evangelio diferente del que habéis recibido, sea anatema". Aquí Pablo establece un tono serio. Es enfático en que cualquier desviación del evangelio que predicó no es sólo una infracción menor sino un error grave que merece condenación.

El lenguaje de Pablo es intencional; usa la palabra "maldito" para significar un rechazo total y absoluto de cualquier enseñanza que contradiga el evangelio de la gracia. Este no es un mero desacuerdo teológico; es una cuestión de vida o muerte, espiritualmente hablando. Hay mucho en juego porque la integridad del evangelio está en riesgo. Pablo entiende que introducir un evangelio diferente socava el fundamento mismo de la salvación que Jesucristo estableció mediante Su muerte sacrificial en la cruz.

Su urgencia es palpable cuando afirma que incluso si un ángel del cielo proclamara un evangelio diferente, ese ángel sería merecedor de la misma maldición. Esta declaración sirve como un poderoso recordatorio de que nuestra fuente de verdad siempre debe estar basada en Cristo y la revelación que Él proporcionó a través de Sus apóstoles. Pablo deja en claro que la autoridad humana y angelical no puede reemplazar la verdad del evangelio. Cualquier enseñanza que busque ampliar o distorsionar el evangelio debe ser rechazada de plano.

Pablo continúa articulando un concepto teológico crucial: Jesucristo dio su vida para liberar a la humanidad de la maldición impuesta por la Ley. Esto genera una comprensión crítica de la gracia: la comprensión de que ya no estamos atados por las limitaciones de la Ley Mosaica sino que somos liberados por la Ley de la Gracia. En Cristo emerge una nueva ley, una que se basa en la gracia, no en el esfuerzo humano o la adherencia a la ley.

En Gálatas 1:15-16, Pablo comparte su testimonio de cómo fue llamado por la gracia de Dios, enfatizando que su salvación no fue resultado de la iniciativa o el mérito humanos. Él escribe: "Pero cuando agradó a Dios, que me separó desde el vientre de mi madre y me llamó por su gracia, revelar a su Hijo en mí, para que yo lo predicara entre los gentiles". Este pasaje es profundamente significativo, ya que subraya que el llamado y la misión de Pablo fueron enteramente obra de la gracia de Dios.

La identidad de Pablo como ministro de gracia

Pablo se identifica a sí mismo como un ministro de la gracia, alguien designado por la gracia y sostenido por la gracia. Esta autoidentificación es más que un simple título; refleja el núcleo mismo de su ministerio. Reconoce que la gracia no es sólo el medio de su salvación sino también el fundamento de su vocación. Este reconocimiento es fundamental porque posiciona a Pablo como un siervo del evangelio, cuya misión es proclamar la verdad pura de la obra de Cristo en la cruz.

Reflexionar sobre esta declaración revela una cruda realidad sobre el ministerio moderno. Muchos ministros contemporáneos luchan por articular su llamado en términos de gracia. A menudo se enredan en los aspectos del ministerio impulsados por el desempeño, priorizando las métricas de éxito sobre el poder transformador de la gracia. Esta desconexión conduce a un profundo malentendido de lo que significa ser ministro del evangelio, lo que resulta en una dilución del mensaje.

Las implicaciones de esto son significativas: cuando los ministros carecen de una comprensión clara de la gracia, sus congregaciones se quedan sin las herramientas necesarias para reconocer y combatir las falsas enseñanzas. Las vidas de innumerables personas se ven afectadas negativamente cuando la gracia de Dios no se afirma y celebra dentro de la iglesia. La insistencia de Pablo en la centralidad de la gracia no es meramente una posición teológica; es una preocupación pastoral que busca salvaguardar la fe de la comunidad.

Un llamado a la acción

Pablo no podía quedarse de brazos cruzados mientras las falsas enseñanzas amenazaban la integridad del evangelio. Comprendió que la situación era terrible y sintió la profunda responsabilidad de abordarla de frente. Así como Pablo participó en esta batalla espiritual, nosotros también debemos asumir la responsabilidad de defender el evangelio contra cualquier distorsión que pueda surgir dentro de nuestras iglesias hoy. Es imperativo que no permitamos que el mensaje de gracia se vea comprometido o disminuido.

En medio de esta batalla, Pablo afirma sus credenciales divinas, enfatizando que su autoridad para predicar el evangelio no se deriva de conexiones humanas ni de la aprobación de otros. Escribe acerca de cómo no consultó con carne ni sangre, sino que recibió revelación directa de Dios. La confianza de Pablo en su llamado y misión es inquebrantable; sabe que sus instrucciones provienen únicamente de Dios.

Esta convicción queda poderosamente ilustrada a través de su relato de su encuentro con los judaizantes, aquellos que buscaban imponer la Ley a los nuevos conversos. Pablo cuenta la historia de Tito, un creyente griego que trabajaba junto a él en el ministerio. Tito no había sido circuncidado, y esto generó importantes dudas entre los creyentes judíos con respecto a su legitimidad como ministro del evangelio. Los judaizantes cuestionaron la decisión de Pablo de permitir que Tito viajara con él, insistiendo en que la adhesión a la Ley era necesaria para la aceptación dentro de la comunidad de fe.

EL DESAFÍO DEL LEGALISMO

La confrontación en torno a Tito sirve como un recordatorio conmovedor de la naturaleza omnipresente del legalismo, incluso dentro de la iglesia primitiva. La pregunta de si Tito podría servir y ministrar en su estado "incircunciso" resalta la lucha entre la libertad que se encuentra en la gracia y la esclavitud de la Ley. Para los judaizantes, los indicadores externos de la fe, como la circuncisión, eran primordiales. Sin embargo, la perspectiva de Pablo era radicalmente diferente; entendió que la verdadera fe se evidencia no por el cumplimiento externo de la Ley sino por una transformación interna provocada por la gracia de Dios.

Al defender a Tito, Pablo subraya el mensaje central del evangelio: que la salvación y la aceptación ante Dios se basan en la fe en Cristo, no en la adhesión a la Ley. Sostiene que exigir la circuncisión como requisito previo para la comunión contradice la esencia misma de la gracia que ofrece Jesús. La postura de Pablo es una declaración audaz de la libertad que los creyentes tienen en Cristo, una libertad que los libera de las cadenas del legalismo.

Al reflexionar sobre el poderoso testimonio de Pablo y su compromiso inquebrantable con el mensaje de gracia, recordamos nuestras propias responsabilidades como creyentes. La iglesia actual debe permanecer alerta contra las sutiles usurpaciones del legalismo y las falsas enseñanzas que pueden conducir a la esclavitud espiritual. Es esencial que defendamos la verdad del evangelio y aseguremos que la gracia siga siendo central para nuestra comprensión de la fe y el ministerio.

El viaje de Pablo y su feroz defensa del evangelio de la gracia nos obligan a evaluar nuestra propia comprensión de la gracia y su papel en nuestras vidas. ¿Estamos realmente abrazando el poder transformador de la gracia en nuestro caminar personal con Cristo? ¿Estamos proclamando este mensaje a los demás y estamos fomentando comunidades que reflejen la gracia de Dios? Las respuestas a estas preguntas determinarán la salud y vitalidad de nuestra fe y la eficacia de nuestro ministerio.

En un mundo lleno de ideologías en competencia y distracciones, prestemos atención al llamado de Pablo a permanecer firmes en la gracia que es nuestra en Cristo Jesús. Así como Pablo luchó incansablemente para preservar la pureza del evangelio, nosotros también debemos asumir la responsabilidad de defender este mensaje sagrado, asegurándonos de que continúe transformando vidas y atrayendo a las personas a una relación con el Dios vivo. El evangelio de la gracia no es simplemente una doctrina que debe enseñarse; es una realidad que debe vivirse, reflejando el amor y la misericordia de Dios hacia un mundo que necesita desesperadamente esperanza.

El asombro de Pablo y los judaizantes

Pablo quedó asombrado. Su sorpresa no fue simplemente una reacción a la naturaleza inusual del comportamiento de los gálatas; surgió de una profunda decepción de que las mismas personas a las que había trabajado diligentemente para ministrar estaban albergando enseñanzas falsas y desviándose del evangelio de la gracia. En su carta, Pablo regaña a los gálatas con una pregunta retórica: "¿Quiénes son estos tipos?" Se refiere a los judaizantes, un grupo de personas que impulsaban una agenda legalista, insistiendo en que la adhesión a la Ley y prácticas como la circuncisión eran necesarias para la salvación. "¿Cómo entonces podrían ustedes, los gálatas, entretenerlos, incluso permitiendo que algunos de los suyos siguieran su doctrina?" La incredulidad de Pablo es palpable y resuena con preguntas que podríamos hacernos hoy.

La fuerte reacción de Pablo revela no sólo sus sentimientos personales sino también una comprensión crítica de las implicaciones que estas falsas enseñanzas tienen para el evangelio. En Gálatas 2:5-6, escribe: "No nos sometimos ni por un momento, para que os sea preservada la verdad del evangelio. Y de los que parecían influyentes, a mí no me importa lo que fueran; Dios no hace parcialidad". Aquí, Pablo enfatiza la importancia de mantener la integridad del evangelio, independientemente del estatus o la autoridad percibida de quienes difunden enseñanzas falsas. Su compromiso con la verdad es inquebrantable y refleja una profunda comprensión de que el evangelio no depende de la aprobación o la tradición humana.

La naturaleza del ministerio de Pablo

El ministerio de Pablo se caracterizó por una clara distinción entre el mensaje de la gracia y las exigencias de la Ley. Si bien reconoció que Pedro y otros apóstoles tenían misiones específicas para el pueblo judío, permaneció decidido en su llamado a los gentiles. Esta distinción resalta un tema más amplio dentro del Nuevo Testamento: que el evangelio trasciende las fronteras culturales y religiosas. La misión de Pablo no estaba definida por la Ley sino por la gracia de Dios, que estaba disponible para todas las personas.

La iglesia primitiva había llegado a un consenso en el Concilio de Jerusalén, acordando que los creyentes no judíos no deberían ser cargados con los requisitos de la Ley, como la circuncisión. En cambio, sólo se les ordenó evitar ciertas prácticas para fomentar la unidad entre los creyentes. Esta decisión subrayó una verdad fundamental: la Ley sirvió como una guía temporal, un tutor que señalaba a Cristo. Como Pablo articula en Gálatas 3:24-25: "Así que la ley fue nuestra guardiana hasta que vino Cristo, para que seamos justificados por la fe. Ahora que ha llegado esta fe, ya no estamos bajo ningún tutor". La transición de la ley a la gracia significa un cambio en la forma en que los creyentes se relacionan con Dios: una relación basada en la fe más que en las obras.

EL ARGUMENTO TEOLÓGICO DE PABLO

Las implicaciones de este cambio son profundas. Pablo no sólo está defendiendo su ministerio; él está sentando las bases para comprender la naturaleza misma de la salvación. En Gálatas 2:20, comparte un versículo que se ha convertido en la piedra angular de la identidad cristiana: "Con Cristo estoy juntamente crucificado, y ya no vivo yo, sino que Cristo vive en mí. La vida que ahora vivo en el cuerpo, la vivo por la fe en el Hijo de Dios, que me amó y se entregó por mí". Esta declaración resume la esencia de la vida cristiana: no se trata de adherirse a un conjunto de reglas o tradiciones sino de vivir en relación con Cristo, fortalecidos por su gracia.

La firme postura de Pablo contra los judaizantes ilustra su comprensión del peligro que representan aquellos que agregarían condiciones al evangelio. Traza una clara línea de demarcación, afirmando que si los gálatas se pusieran del lado de los judaizantes, se estarían separando de la gracia que se encuentra en Cristo. En Gálatas 2:21, afirma: "No desecho la gracia de Dios; porque si por la ley se podía alcanzar la justicia, ¡por nada murió Cristo!". Esta declaración sirve como un poderoso recordatorio de que cualquier intento de ganar la salvación a través de obras socava el fundamento mismo del evangelio.

EL HECHIZO DE LOS GÁLATAS

La frustración de Pablo alcanza su punto máximo cuando se dirige a los gálatas con la exclamación: "¡Oh gálatas insensatos! ¿Quién te ha hechizado? Esta pregunta retórica capta la esencia de su preocupación: ¿cómo pudieron abandonar tan rápidamente la verdad del evangelio por una versión distorsionada? Al invocar el término "hechizado", Pablo resalta el engaño espiritual en juego, equiparando la influencia de los judaizantes con la brujería. Esta acusación es alarmante y aleccionadora, ya que sugiere que los gálatas están bajo un poderoso hechizo que nubla su juicio y los aleja de la verdad.

En el centro del argumento de los judaizantes estaba la afirmación de linaje, afirmando: "Somos la simiente de Abraham". Pablo contrarresta esto enfatizando la naturaleza de la promesa dada a Abraham, explicando que no es la genealogía la que otorga justicia sino la fe. En Gálatas 3:24-29, elabora esta idea: "Así que en Cristo Jesús todos sois hijos de Dios por la fe… si sois de Cristo, entonces sois descendencia de Abraham, y herederos según la promesa". Pablo efectivamente desmantela los argumentos de los judaizantes al cambiar el enfoque de la identidad étnica a la identidad espiritual en Cristo.

El temor de Pablo por los gálatas

En medio de sus argumentos teológicos, Pablo expresa su profunda preocupación por los gálatas. En Gálatas 4:9-11, afirma: "Pero ahora que habéis llegado a conocer a Dios, o más bien a ser conocidos por Dios, ¿cómo podéis volver a los débiles e inútiles principios elementales del mundo, de cuyos esclavos sois? ¿Quieres serlo una vez más? ¡Observas días, meses, estaciones y años! Me temo que he trabajado en vano por ti". Su temor no se refiere simplemente al bienestar espiritual de ellos, sino también a la posible pérdida de lo que él trabajó incansablemente para establecer entre ellos. Este miedo resuena a lo largo de los siglos como un recordatorio de los peligros de volver a caer en el legalismo y el ritualismo.

Las preguntas retóricas de Pablo desafían a los gálatas a considerar las implicaciones de sus decisiones. Habiendo experimentado la libertad y la gracia de Dios, ¿por qué querrían volver a las limitaciones de la Ley? La yuxtaposición de conocer a Dios y regresar a principios "débiles e inútiles" sirve como una cruda advertencia contra la complacencia y la regresión en la fe. Sus palabras nos instan a examinar nuestras propias vidas e identificar áreas en las que, sin darnos cuenta, podemos volver a una comprensión de nuestra relación con Dios basada en el desempeño.

LA NATURALEZA DE LA FALSA ENSEÑANZA

En Gálatas 4:16-17, Pablo confronta las motivaciones de aquellos que buscaban desviar a los gálatas de la verdad. "¿Me he convertido entonces en vuestro enemigo al deciros la verdad? Te valoran mucho, pero sin ningún buen propósito. Quieren excluirte para que puedas darles mucha importancia". Pablo reconoce que los falsos maestros no están interesados en el crecimiento espiritual de los gálatas; más bien, buscan manipularlos y controlarlos para su propio beneficio. Esta idea sigue siendo relevante en la iglesia de hoy, donde algunos líderes pueden promover sus agendas a expensas del evangelio.

La claridad de Pablo sobre la naturaleza de las falsas enseñanzas es vital para la iglesia hoy. Así como él discernió las motivaciones detrás de los judaizantes, nosotros también debemos estar atentos para reconocer las voces que nos alejan de la verdad. Es esencial evaluar las enseñanzas según el estándar de las Escrituras y el evangelio de la gracia. Cualquier enseñanza que distorsione el mensaje de la gracia o busque imponer cargas adicionales a los creyentes debe ser recibida con cautela y, si es necesario, rechazada.

El peligro de caer en desgracia

En Gálatas 5:4, Pablo ofrece una advertencia aleccionadora: "De Cristo estáis separados, los que por la ley os justificáis; habéis caído de la gracia". La caída en desgracia no es meramente un concepto teológico; significa una profunda crisis espiritual. Cuando los individuos o comunidades se alejan del evangelio e intentan alcanzar la justicia a través de sus esfuerzos, efectivamente se separan de la fuente misma de su salvación.

Las palabras de Pablo sirven como un claro recordatorio de que la gracia no es algo que se deba dar por sentado. Es esencial reconocer que apartarse de la gracia es un asunto grave con consecuencias eternas. Como creyentes, debemos permanecer firmes en la libertad que Cristo ofrece, resistiendo la tentación de volver a prácticas legalistas o a una fe basada en el desempeño.

La ley de la libertad

En Gálatas 5:1, Pablo exhorta a los gálatas: "Para libertad Cristo nos hizo libres; Manteneos, pues, firmes y no os sometáis otra vez al yugo de esclavitud". Este llamado a la libertad es central en el mensaje del Nuevo Testamento. Pablo enfatiza que la gracia de Dios marca el comienzo de un nuevo paradigma: una ley de libertad que libera a los creyentes de las limitaciones de la Ley. La libertad que Cristo ofrece no es una licencia para pecar sino una invitación a vivir en relación con Él, fortalecidos por el Espíritu Santo.

La ley de la libertad es una realidad transformadora para quienes ponen su fe en Cristo. Significa la liberación de las cargas de la Ley y la aceptación de una vida definida por la gracia. Esta libertad permite a los creyentes vivir auténticamente, guiados por el Espíritu y no por las exigencias de un marco legalista. La apasionada súplica de Pablo para que los gálatas abracen esta libertad es un llamado a todos los creyentes a reconocer la profundidad de la gracia de Dios y las implicaciones que tiene para sus vidas.

En conclusión, el mensaje de Pablo a los Gálatas sigue siendo profundamente relevante hoy. Su asombro ante su disposición a aceptar enseñanzas falsas sirve como advertencia para la iglesia contemporánea. Mientras navegamos por un mundo lleno de ideologías y enseñanzas en competencia, debemos permanecer atentos para defender la verdad del evangelio. El llamado a abrazar la gracia, resistir el legalismo y vivir en la libertad de Cristo es tan urgente ahora como lo fue en la época de Pablo.

La Declaración de Independencia en la Fe

La epístola a los Gálatas es un poderoso manifiesto de libertad: una "declaración de independencia" para todos los que creen en Cristo. Pablo defiende apasionadamente la noción de que la fe en Jesús libera a los creyentes de la esclavitud del pecado y de las limitaciones legalistas de la Ley. Este mensaje resuena a lo largo de la carta y proporciona no sólo principios teológicos sino también pautas prácticas para vivir una vida empoderada por la gracia.

La insistencia de Pablo en que los creyentes no deben dejarse atrapar por el pecado es central en su mensaje. Presenta un retrato vívido de las consecuencias de caer en un comportamiento pecaminoso. En Gálatas 5:19-21, enumera una lista de actos que conducen a la esclavitud espiritual: inmoralidad sexual, idolatría, odio, discordia, celos y más. Su conclusión es cruda e intransigente: "Los que practican tales cosas no heredarán el reino de Dios". Esta declaración sirve tanto como una advertencia como un llamado a la santidad, instando a los creyentes a seguir un estilo de vida que refleje su nueva identidad en Cristo.

Caminando en el Espíritu

El antídoto contra los deseos de la carne, afirma Pablo, se encuentra en caminar en el Espíritu. En Gálatas 5:16, exhorta a los gálatas: "Andad en el Espíritu, y no satisfaréis los deseos de la carne". Este llamado a caminar en el Espíritu introduce un concepto transformador: el empoderamiento del creyente a través del Espíritu Santo. Andar en el Espíritu no es simplemente un viaje metafórico; representa una profunda dinámica relacional donde el creyente es guiado y fortalecido por el Espíritu de Dios.

Pablo profundiza en cómo la gracia se manifiesta en la acción práctica. En Gálatas 5:13, enfatiza que si bien los creyentes son llamados a la libertad, no deben usar esta libertad como excusa para entregarse a deseos egoístas. Más bien, deben servirse unos a otros con amor. Esta reorientación radical desde el interés propio hacia los demás es la esencia de una vida vivida en el Espíritu.

Los frutos del espíritu

Gálatas 5:22-23 introduce el concepto de los "frutos del Espíritu", que sirven como prueba de fuego para la autenticidad del caminar espiritual de uno. Pablo enumera estos frutos: amor, gozo, paz, paciencia, bondad, bondad, fidelidad, mansedumbre y dominio propio. Cada una de estas características representa la obra activa del Espíritu Santo en la vida de un creyente, transformando su naturaleza y guiando sus acciones.

Esta transformación no es meramente interna; tiene implicaciones externas. Una vida marcada por los frutos del Espíritu es una vida que edifica la comunidad, fomenta relaciones genuinas y refleja el carácter de Cristo. En contraste con los actos de la carne, que conducen a división y lucha, los frutos del Espíritu cultivan la unidad y la armonía entre los creyentes.

La visión de Pablo para la iglesia es una donde reina la gracia y el Espíritu guía cada interacción. Alienta a los gálatas a concentrarse en vivir estos frutos, recordándoles que no existe ninguna ley que prohíba tales cosas. En otras palabras, estas cualidades cumplen el propósito de la Ley, que es promover el amor y la justicia entre el pueblo de Dios.

La carga de la comunidad

Central para el mensaje de Pablo en Gálatas es el tema de la comunidad y el apoyo mutuo. En Gálatas 6:1-2, escribe: "Hermanos, si alguno es sorprendido en alguna transgresión, vosotros que sois espirituales debéis restaurarlo con espíritu de mansedumbre". Esta instrucción resalta la importancia de un enfoque lleno de gracia para lidiar con el pecado dentro de la comunidad de creyentes. En lugar de juzgar o condenar al ostracismo a los que caen, Pablo pide restauración y corrección amable.

Subraya la necesidad de llevar las cargas unos de otros como cumplimiento de la ley de Cristo. Este principio de llevar cargas es fundamental para la vida de la iglesia. Fomenta un ambiente de gracia donde las personas se sienten seguras para confesar sus luchas y buscar ayuda sin temor a la condena. El cuerpo de Cristo debe ser un refugio, un lugar donde pueda ocurrir la sanación y la restauración.

El énfasis de Pablo en la comunidad también refleja la realidad de la experiencia humana. Nadie es inmune a las luchas, los fracasos o el pecado. El llamado a soportar las cargas de los demás es un reconocimiento de que juntos somos más fuertes, apoyándonos unos en otros para recibir apoyo y aliento mientras afrontamos los desafíos de la vida.

El peligro de la superioridad moral

En contraste con la comunidad llena de gracia que Pablo imagina, advierte contra la superioridad moral y las actitudes críticas que a menudo surgen en los círculos religiosos. La tendencia a señalar con el dedo y condenar a quienes fallan es una trampa que la iglesia debe evitar. La crítica de Pablo a los judaizantes sirve como advertencia contra un ministerio sin gracia que se centra en las apariencias externas y la adhesión legalista a reglas en lugar de una fe y un amor genuinos.

Destaca la hipocresía de quienes buscan imponer cargas a los demás mientras descuidan sus propios defectos. Esta actitud moralista es contraria al corazón mismo del evangelio. En lugar de fomentar un ambiente de gracia, crea división y alienación. La advertencia de Pablo de restaurarnos suavemente y llevar las cargas unos de otros contrarresta esta tendencia, promoviendo una cultura de humildad y compasión.

LA IMPORTANCIA DE LA RESPONSABILIDAD PERSONAL

Curiosamente, en Gálatas 6:5, Pablo afirma: "Porque cada uno tendrá que llevar su propia carga". Si bien la comunidad eclesial está llamada a apoyarse mutuamente, la responsabilidad personal también es primordial. Cada creyente es responsable de sus propias acciones y crecimiento espiritual. Este doble énfasis en la responsabilidad comunitaria e individual garantiza que, mientras nos elevamos unos a otros, también reconozcamos nuestro camino personal de fe.

Llevar la propia carga implica un compromiso activo en la vida espiritual. Es un llamado a la madurez, donde se anima a los creyentes a tomar posesión de su relación con Cristo. Este equilibrio entre el apoyo colectivo y la responsabilidad individual es esencial para una comunidad eclesial saludable.

Al concluir esta epístola, Pablo subraya la importancia de vivir la gracia en acción. En Gálatas 6:7-8, advierte: "No os dejéis engañar: Dios no puede ser burlado, porque todo lo que uno siembra, eso también segará". Este principio de siembra y cosecha se aplica tanto a los aspectos espirituales como a los prácticos de la vida. Si sembramos en la carne, al permitirnos el pecado y un comportamiento egoísta, cosecharemos las consecuencias. Por el contrario, si sembramos en el Espíritu (viviendo en alineación con la voluntad de Dios y sirviendo a los demás) cosecharemos vida y bendiciones eternas.

El llamado de Pablo a la acción es claro: la gracia debe ser una fuerza activa en nuestras vidas. Debería obligarnos a hacer el bien a todos, especialmente a aquellos dentro del hogar de la fe. Este ministerio de gracia no es un esfuerzo pasivo; requiere intencionalidad y esfuerzo. Estamos llamados a ser vasos de gracia, extendiendo bondad, amor y apoyo a quienes nos rodean.

Reflexiones finales sobre el mensaje de Pablo

Cuando Pablo concluye su carta a los Gálatas, reafirma el poder transformador del evangelio. Destaca que en Cristo ni la circuncisión ni la incircuncisión tienen valor alguno; lo que cuenta es una nueva creación (Gálatas 6:15). Esta declaración resume el corazón del mensaje del evangelio: que nuestra identidad se encuentra únicamente en Cristo, no en nuestra adhesión a reglas religiosas o normas culturales.

Los versículos finales de Gálatas reflejan la profunda preocupación de Pablo por los gálatas y su deseo de que abrazaran la verdadera esencia del evangelio. Los anima a centrarse en la gracia de Jesucristo, que es el fundamento de su fe y la fuente de su fortaleza. En esta gracia hay paz, esperanza y sentido de pertenencia.

Conclusión

En resumen, la epístola de Pablo a los Gálatas sirve como un poderoso recordatorio de la libertad que tenemos en Cristo. Su declaración de independencia del pecado y del legalismo nos invita a abrazar una vida de gracia, caracterizada por los frutos del Espíritu y un compromiso con la comunidad. Los desafíos de la justicia propia, el juicio y la apatía son contrarrestados por un llamado a llevar las cargas unos de otros y caminar en el Espíritu.

Mientras reflexionamos sobre este mensaje, consideremos cómo podemos encarnar los principios de la gracia en nuestras vidas y en nuestras comunidades. ¿Estamos caminando activamente en el Espíritu, buscando llevar las cargas unos de otros y extendiendo gracia a quienes nos rodean? Las palabras de Pablo nos alientan a vivir nuestra fe de manera auténtica, demostrando el amor de Cristo a un mundo necesitado. Que nos esforcemos por ser vasos de gracia, reflejando el corazón de Jesús en todo lo que hacemos.

EL FUNDAMENTO DE LA FE: COMPRENDER EL EVANGELIO DE LA GRACIA A TRAVÉS DE LA REVELACIÓN

En el corazón de la teología cristiana se encuentra la doctrina esencial de la gracia: una verdad que transforma vidas y da forma a los ministerios. La epístola a los Gálatas, escrita por el apóstol Pablo, sirve como piedra angular para comprender el evangelio de la gracia recibido a través de la revelación divina. En un mundo a menudo caracterizado por la confusión y los malentendidos, es vital tener una visión clara de los cimientos sobre los cuales uno está construido para poder participar en una predicación auténtica y un ministerio eficaz.

EL PAPEL DE LA REVELACIÓN

La afirmación de Pablo en **Gálatas 1:11-12** es inequívoco: "Porque quiero que sepáis, hermanos, que el evangelio que yo prediqué no es según hombre. Porque ni yo lo recibí ni aprendí de hombre alguno, sino que vino por revelación de Jesucristo. ". Este pasaje subraya un punto crítico: el evangelio no es producto del ingenio o la tradición humana. Es una revelación divina, una verdad que se origina en Dios mismo. Sin esta comprensión, cualquier intento de ministerio carecerá de la autenticidad y autoridad que provienen de un encuentro genuino con lo divino.

El fundamento de nuestra fe debe estar arraigado en la revelación. La propia experiencia de soledad en el desierto de Pablo, donde buscó al Señor fervientemente, ejemplifica la necesidad de buscar a Dios por encima de todo. En lugar de depender de enseñanzas o tradiciones humanas, dio prioridad a la comunión directa con Dios, lo que en última instancia dio forma a su teología y ministerio. Este principio es esencial también para los ministros contemporáneos; deben buscar el rostro de Dios para poder transmitir con precisión Sus verdades a la congregación.

El poder de la revelación en el ministerio

El ministerio de Pablo estuvo gobernado por la revelación, como se demuestra en **Gálatas 2:1-2**: "Luego, después de catorce años, subí de nuevo a Jerusalén con Bernabé y tomé a Tito conmigo. Y subí por revelación y les comuniqué el evangelio que predico entre los gentiles". Aquí, Pablo indica que su misión no fue simplemente una respuesta a las necesidades del pueblo o las tradiciones de la iglesia; fue una cita divina. Esto subraya una verdad profunda: el ministerio eficaz surge de una comprensión clara del llamado y la dirección de Dios.

En los primeros días de la iglesia, los líderes a menudo recibían revelaciones que guiaban sus decisiones y acciones. Un ejemplo notable es el ministerio de Clayt Sonmore, quien jugó un papel fundamental en las Reuniones de Empresarios del Evangelio Completo. A través de la revelación divina, se sacaron a la luz cuestiones de pecado y agendas ocultas entre los líderes, lo que provocó las correcciones necesarias y condujo a un florecimiento de la fe y la práctica. Este modelo de ministerio, basado en la obra del Espíritu Santo, contrasta marcadamente con los enfoques a menudo superficiales que se ven en muchas iglesias contemporáneas de hoy.

ENFRENTANDO LA HIPOCRESÍA

En **Gálatas 2:11-14**, Pablo confronta a Pedro con respecto a su hipocresía en Antioquía: "Pero cuando Pedro vino a Antioquía, yo le opuse cara a cara, porque estaba condenado. Porque antes de que algunos hombres vinieran de parte de Jacobo, solía comer con los gentiles; pero cuando vinieron , retrocedió y se separó, temiendo al partido de la circuncisión." Esta confrontación es crucial, ya que ilustra el compromiso de Pablo con la verdad del evangelio. Pablo no tuvo miedo de desafiar incluso a los líderes más destacados cuando sus acciones contradecían los principios de la fe.

Hoy en día, parece haber renuencia dentro de muchos círculos eclesiásticos a abordar cuestiones de hipocresía e inmoralidad entre los líderes. El silencio sobre estas cuestiones puede conducir a una cultura de complacencia y apatía, donde se sacrifica la verdad en aras de mantener relaciones o apariencias. El ejemplo de Pablo desafía a los líderes modernos a defender la integridad del evangelio, sin importar las posibles consecuencias. Demuestra que el verdadero amor por la iglesia requiere la voluntad de confrontar el pecado, sin importar el costo.

La obra del Espíritu en la Iglesia

En **Gálatas 3:5**, Pablo plantea una pregunta importante sobre el papel del Espíritu Santo en la vida de la iglesia: "¿El que os suministra el Espíritu y hace milagros entre vosotros, lo hace por las obras de la ley o por el oír con fe?" Aquí, Pablo enfatiza que la presencia y el poder del Espíritu Santo no dependen de la adhesión a la Ley, sino que se accede a ellos a través de la fe. Este principio es crucial para comprender la naturaleza de la obra de Dios en las vidas de los creyentes.

La iglesia contemporánea a menudo experimenta una desconexión entre el poder del Espíritu y el ministerio diario. La falta de milagros y manifestaciones del poder del Espíritu a menudo puede atribuirse a una expectativa disminuida o a un enfoque en el esfuerzo humano en lugar de la intervención divina. Sin embargo, en los campos misioneros la evidencia de la obra del Espíritu es innegable. Los informes de curaciones milagrosas, resurrecciones y crecimiento explosivo en las congregaciones sirven como recordatorio de que donde se honra y se busca al Espíritu Santo, pueden suceder cosas poderosas.

LAS BENDICIONES DE ABRAHAM

Pablo elabora sobre las bendiciones conferidas a los creyentes a través de la fe en **Gálatas 3:6-9**: "Así como Abraham 'creyó a Dios, y le fue contado por justicia', sepan entonces que son los de la fe los que son hijos de Abraham". Esta verdad fundamental subraya la continuidad de las promesas de Dios desde el Antiguo Testamento hasta el Nuevo Testamento. Las bendiciones prometidas a Abraham se extienden a todos los que ponen su fe en Cristo, independientemente de su origen étnico o cultural.

Además, Pablo sostiene que la herencia otorgada a los creyentes no se basa en el linaje o la adherencia a la Ley, sino en la fe en Jesucristo. **Gálatas 3:13-14** afirma: "Cristo nos redimió de la maldición de la ley, hecho por nosotros maldición (porque escrito está: Maldito todo el que es colgado en un madero), para que en Cristo Jesús la bendición de Abraham llegara a los gentiles. ". Esta inclusión radical enfatiza que la salvación y las bendiciones están disponibles para todos los que creen, derribando barreras que alguna vez dividieron a las personas.

LA TEOLOGÍA DE LA INCLUSIÓN

Las enseñanzas de Pablo en **Gálatas 3:26-29** reforzar aún más la teología de la inclusión: "Porque en Cristo Jesús sois todos hijos de Dios por la fe. Porque todos los que habéis sido bautizados en Cristo, de Cristo estáis revestidos. No hay judío ni griego, esclavo ni libre, varón ni mujer, porque todos vosotros sois uno en Cristo Jesús." Esta profunda declaración rompe las barreras sociales y culturales, promoviendo una unidad radical entre los creyentes. En Cristo, las distinciones que alguna vez tuvieron un peso significativo se vuelven irrelevantes.

Este mensaje sigue siendo de vital importancia hoy en día, mientras la iglesia lidia con problemas de división y desigualdad. La insistencia de Pablo en la igualdad de todos los creyentes en Cristo desafía a las iglesias a reflejar la inclusión del evangelio en sus prácticas y actitudes. Invita al cuerpo de Cristo a abrazar la diversidad, reconociendo que todos son herederos iguales de las promesas de Dios.

LA PROMESA DEL ESPÍRITU SANTO

En **Efesios 1:13-14**, Pablo elabora sobre el papel del Espíritu Santo como sello de la herencia del creyente: "En él también vosotros, cuando oísteis la palabra de verdad, el evangelio de vuestra salvación, y creísteis en él, fuisteis sellados con el Espíritu Santo prometido". , quien es garantía de nuestra herencia hasta que adquieramos posesión de ella, para alabanza de su gloria." Este sellado del Espíritu Santo es una poderosa seguridad para los creyentes, afirmando que pertenecen a Dios y son parte de Su plan eterno.

El Espíritu Santo no sólo fortalece a los creyentes para el ministerio, sino que también sirve como recordatorio de la esperanza y la herencia futura que les espera. Esta comprensión debería animar a los creyentes a vivir su fe con confianza y propósito, sabiendo que están equipados por el Espíritu para llevar a cabo la misión de Dios en el mundo.

Conclusión: el llamado a la autenticidad

Las enseñanzas que se encuentran en Gálatas y Efesios llaman a la iglesia a regresar a sus raíces: un regreso a un evangelio basado en la revelación, fortalecido por el Espíritu Santo y caracterizado por la gracia. La auténtica predicación del evangelio requiere una comprensión clara de sus fundamentos, arraigados en la revelación personal y la fe. Desafía a los líderes contemporáneos a superar la complacencia, confrontar la hipocresía y fomentar una cultura de responsabilidad dentro de la iglesia.

Además, al reflexionar sobre las bendiciones de Abraham y la naturaleza inclusiva del evangelio, se nos recuerda nuestra responsabilidad de crear comunidades que abracen y celebren la diversidad. El llamado al ministerio auténtico es un llamado a reflejar el corazón de Cristo, llegando a todos, independientemente de su origen.

En un mundo que necesita desesperadamente esperanza, el evangelio de la gracia sigue siendo nuestro mayor mensaje. Como creyentes, tenemos la tarea de llevar este mensaje hasta los confines de la tierra, fortalecidos por el Espíritu y guiados por la revelación. Esforcémonos por ser fieles mayordomos de este increíble regalo, viviendo nuestra fe de manera auténtica y proclamando con valentía la verdad del evangelio a todos los que quieran escucharlo.

LOS HIJOS E HIJAS DE DIOS: ENTENDIENDO NUESTRA IDENTIDAD EN LOS DÍAS FINALES

En los últimos días, los hijos e hijas de Dios serán plenamente revelados, mostrando su identidad y propósito como herederos de la promesa divina. Esta identidad está profundamente arraigada en la comprensión de ser "hijos de nacidos libres" en contraposición a los "hijos de esclavas". En este discurso, exploraremos las implicaciones de esta distinción, el contexto histórico que la rodea y su relevancia para las comunidades religiosas contemporáneas.

HIJOS DE FREEBORN: UNA BASE BÍBLICA

El apóstol Pablo proporciona una explicación profunda de nuestra identidad en **Gálatas 4:30-31**, donde afirma: "Pero ¿qué dice la Escritura? 'Echa fuera a la esclava y a su hijo, porque el hijo de la esclava no será heredero con el hijo de la libre'. Así que, hermanos, no somos hijos de la esclava, sino de la libre." Este pasaje traza una clara línea entre dos tipos de descendencia: los nacidos en esclavitud y los nacidos en libertad.

La referencia de Pablo a la "esclava" y la "libre" es una alusión directa al relato del Antiguo Testamento sobre Abraham, Sara y Agar. Abraham tuvo dos hijos: Ismael, nacido de Agar, la esclava, e Isaac, nacido de Sara, la libre. Según las Escrituras, la herencia prometida y las bendiciones del pacto fluirían a través de Isaac, no de Ismael. Esta distinción crítica subraya el fundamento de la identidad cristiana: los creyentes no son hijos de la esclavitud sino hijos de la promesa y la libertad.

EL SIGNIFICADO DE LA LIBERTAD

El concepto de ser "nacido libre" resuena profundamente en la fe cristiana. Nacer libre significa heredar las promesas de Dios sin las cargas de la Ley ni las cadenas del pecado. Significa una relación con Dios que se basa en la gracia, no en el mérito. Esta libertad se resume en la obra de Cristo, quien liberó a los creyentes de la maldición de la Ley mediante Su muerte sacrificial y resurrección.

En un mundo que a menudo busca mezclar creencias y comprometer doctrinas fundamentales, las palabras de Pablo sirven como un llamado de atención para reconocer y defender la verdad del evangelio. No hay lugar para negociaciones con ideologías que contradicen los principios fundamentales del cristianismo. Los hijos de la esclava—los descendientes de Agar—representan no sólo un linaje diferente sino una comprensión contrastante del pacto de Dios.

Los desafíos de las relaciones interreligiosas

En la sociedad actual, prevalece el llamado al diálogo y la cooperación interreligiosos. Muchos líderes de la iglesia abogan por la unidad entre varios grupos religiosos, creyendo que dicha colaboración puede promover la justicia social y la paz. Sin embargo, el mensaje de Pablo cuestiona esta noción. Afirma categóricamente que no hay puntos en común entre los hijos de la promesa y los hijos de la esclavitud.

A pesar de la buena voluntad de las empresas interreligiosas, como las promovidas por figuras notables como Rick Warren y Tony Blair, los cristianos deben ejercer discernimiento. Participar en asociaciones que diluyen o comprometen el mensaje central del evangelio puede llevar a confusión y compromiso teológico. El llamado a "expulsar a la esclava y a su hijo" es un llamado a permanecer fieles a la singularidad de la fe cristiana.

Contexto histórico: Abraham y sus hijos

Para apreciar plenamente el mensaje de Pablo, debemos revisar la historia de Abraham. La saga comienza con la promesa de Dios a Abraham de que sería padre de muchas naciones. Sin embargo, cuando Sara, su esposa, no pudo tener hijos, ofreció a su sierva Agar a Abraham, lo que provocó el nacimiento de Ismael. Este acto, nacido del esfuerzo humano más que del momento divino, preparó el escenario para el conflicto.

Más tarde, Dios reafirmó su promesa a Abraham, declarando que Sara daría a luz un hijo, Isaac. La tensión entre estos dos hijos simboliza la lucha constante entre fe y obras, gracia y ley. Ismael representa los intentos humanos de cumplir las promesas de Dios mediante la autosuficiencia, mientras que Isaac representa el cumplimiento de la promesa de Dios mediante la intervención divina.

Esta narrativa histórica subraya la importancia de comprender nuestra herencia como hijos de Dios. Como cristianos, somos herederos de la promesa hecha a Abraham a través de Isaac. Esta herencia no se basa en nuestro desempeño sino en la fidelidad de Dios. Por lo tanto, debemos mantenernos firmes en nuestra identidad y resistir cualquier intento de comprometerla en aras de la aceptación social.

La identidad de los creyentes en Cristo

Las enseñanzas de Pablo en Gálatas resaltan la naturaleza transformadora de la fe en Cristo. En **Gálatas 3:26-29**, escribe: "Porque todos sois hijos de Dios por la fe en Cristo Jesús. Porque todos los que habéis sido bautizados en Cristo, de Cristo estáis revestidos. No hay judío ni griego, esclavo ni libre, varón ni mujer; para vosotros Todos sois uno en Cristo Jesús. Y si sois de Cristo, entonces sois descendencia de Abraham y herederos según la promesa.

Esta declaración habla de la inclusión radical del evangelio manteniendo al mismo tiempo el carácter distintivo de la identidad. El mensaje de Cristo trasciende las barreras culturales y sociales, uniendo a los creyentes como herederos de la promesa hecha a Abraham. Esta unidad no borra las identidades individuales; más bien, enriquece el cuerpo colectivo de Cristo.

LA REVELACIÓN FINAL DE LOS HIJOS E HIJAS DE DIOS

A medida que nos acerquemos a los últimos días, los hijos e hijas de Dios se revelarán en su plenitud. Esta revelación no se trata simplemente de la identidad individual sino de la expresión corporativa de la familia de Dios en la tierra. Frente al creciente secularismo y pluralismo, la iglesia está llamada a mantenerse firme en su identidad como hija de la promesa.

En **Romanos 8:19** Pablo escribe: "Porque la creación espera con anhelo la manifestación de los hijos de Dios". Este pasaje enfatiza la anticipación de un tiempo futuro en el que los creyentes manifestarán plenamente su identidad como hijos de Dios. Esta revelación está ligada a la gloria de Dios y sirve como testimonio de su fidelidad.

El llamado a la distinción

A la luz del panorama religioso mundial actual, la iglesia debe permanecer firme en su llamado a defender la verdad del evangelio. Las distinciones entre los hijos de la esclava y los hijos de la libre no son meramente históricas o teológicas; son prácticos y relevantes. Participar en asociaciones que buscan desdibujar estas líneas compromete el mensaje de gracia y disminuye el poder del evangelio.

El llamado a "echar fuera a la esclava" es un llamado a rechazar cualquier teología o práctica que busque alinear el cristianismo con ideologías contrarias al evangelio. Esto no significa que los cristianos deban involucrarse en la hostilidad o el aislacionismo, sino más bien abordar los diálogos interreligiosos con claridad y convicción. Los creyentes deben articular su fe con gracia, sin dejar de permanecer decididos en las verdades que defienden.

Conclusión: abrazar nuestra identidad

Al reflexionar sobre nuestra identidad como hijos e hijas de Dios, debemos abrazar la libertad que proviene de ser hijos de la promesa. Esta identidad da forma a nuestra relación con Dios y con los demás. Nos llama a vivir de una manera que refleje el carácter de Cristo, manteniéndonos firmes en nuestras convicciones mientras extendemos la gracia a quienes nos rodean.

En los últimos días, el mundo será testigo de la manifestación de los hijos de Dios: aquellos que han abrazado plenamente su identidad como herederos de la promesa. Como creyentes, estamos llamados a vivir a la luz de esta verdad, proclamando con valentía el evangelio y permaneciendo firmes en nuestra fe.

Recordemos que nuestra herencia no es simplemente una promesa futura sino una realidad presente. Mientras navegamos por un mundo complejo, podemos consolarnos al saber que somos nacidos libres, hijos del Dios Altísimo, llamados a vivir nuestra identidad con convicción y propósito. Es esta identidad la que brillará intensamente en la oscuridad, atrayendo a otros a la luz de Cristo y revelando la gloria de Dios a toda la creación.

EL FIN

www.ingramcontent.com/pod-product-compliance
Lightning Source LLC
Chambersburg PA
CBHW030408160726
47992CB00007B/3014